ख़्वाब हज़ार - पहली कोशिश

चंद हक़ीक़त से भरे सपनों को कागज़ पर उतारने की मेरी पहली कोशिश

वारिस

BookLeaf Publishing

India | USA | UK

Made with ❤ on the BookLeaf Publishing Platform
www.bookleafpub.in
www.bookleafpub.com

Dedication

Preface

भूमिका

यह संकलन मेरे जीवन की एक महत्वपूर्ण यात्रा का प्रतिबिंब है—एक यात्रा जो सितंबर १९९७ में प्रारंभ हुई, जब मैंने अपनी पहली पंक्तियाँ लिखीं। यह महज़ संयोग नहीं था, बल्कि एक विरासत थी, जो मेरे पिता, श्री जयंत देशपांडे 'जय' से मुझे प्राप्त हुई। मार्च १९९७ में उनके जाने के बाद, मानो एक 'रिले रेस' का अंत हुआ और उन्होंने अपने शब्दों की धरोहर मेरे हाथों में सौंप दी। इसी कारण मैंने अपना तखल्लुस 'वारिस' रखा। तब से मेरी लेखनी मेरे अस्तित्व का अभिन्न अंग बन चुकी है।

शिक्षा से मैं इंजीनियर हूँ, पेशे से आईटी क्षेत्र में कार्यरत हूँ, और स्वभाव से कवि और लेखक हूँ। नई काव्य शैलियाँ गढ़ना, अनुवाद करना और पढ़ना मेरी प्रिय गतिविधियाँ हैं। संगीत भी मेरे जीवन का अहम हिस्सा है—मैं किसी एक शैली तक सीमित नहीं, जो भी अच्छा हो, वह मेरे लिए मूल्यवान है।

दिसंबर २०१७ में जीवन ने एक अप्रत्याशित मोड़ लिया। मैंने एक गंभीर चिकित्सकीय संकट का सामना किया—एक ऐसा अनुभव जो शारीरिक, मानसिक और भावनात्मक रूप से विनाशकारी था। ऐसा लगा मानो धरती मेरे पैरों के नीचे से खिसक गई हो। यह आघात मेरे परिवार के लिए भी असहनीय था। परंतु इसी कठिन समय में कविता मेरी सबसे बड़ी संबल बनी। जब शब्द मौन हो जाते थे, जब मन का बोझ साझा करना कठिन हो जाता था, तब मेरी लेखनी ही मेरी

आवाज़ बनी। मैंने कभी लिखना नहीं छोड़ा, बल्कि इस दौर में मेरी कविताएँ और गहरी व सजीव होती गईं। वे केवल वेदना की अभिव्यक्ति नहीं, बल्कि आत्मा की पुनरुद्धार यात्रा का हिस्सा थीं। कविता मेरे लिए भावनाओं को बाहर निकालने का माध्यम बनी, जिसने न केवल मेरे भीतर की उथल-पुथल को स्वर दिया, बल्कि मुझे उस तूफ़ान से बाहर निकलने की शक्ति भी दी।

इसीलिए मैंने अपनी कविताओं को किसी एक परिभाषा में सीमित नहीं किया। प्रेम, जीवन, अनुभव, समाज की सच्चाइयाँ, और वे पहलू जिन पर हम ध्यान नहीं देते—ये सभी मेरी कविताओं के केंद्र में रहे हैं। मेरी भाषा हिंदुस्तानी है—एक सहज प्रवाहमयी भाषा, जो हिंदी और उर्दू के बीच की दीवारों को तोड़कर आम जनमानस के हृदय तक पहुँचती है।

कविता मेरे लिए केवल शब्दों का खेल नहीं, बल्कि एक विचार यात्रा है। मैं शब्दों और विचारों को नए दृष्टिकोण से देखने का प्रयास करता हूँ—जहाँ दर्शन और यथार्थ का संगम हो, जहाँ रूपकों की टकराहट से नए अर्थ जन्म लें, और जहाँ अमूर्त कल्पनाएँ ठोस यथार्थ का अनुभव कराएँ।
यह पुस्तक मेरे वर्षों के अनुभवों, विचारों और भावनाओं की अभिव्यक्ति है। मेरा यह प्रथम प्रकाशित संकलन केवल एक पड़ाव है —जहाँ मैं अपने पिता की दी हुई विरासत को आगे बढ़ाने की एक छोटी-सी कोशिश कर रहा हूँ।

आपके हाथों में यह पुस्तक केवल पृष्ठों का संग्रह नहीं, बल्कि मेरे जीवन की वह धारा है, जो मेरे पिता से मुझे प्राप्त हुई और अब आपके हृदय तक पहुँचने की आकांक्षा रखती है। आशा है कि मेरी

कविताएँ आपको उस भावनात्मक और बौद्धिक यात्रा पर ले जाएँगी, जहाँ शब्द आपको कुछ याद दिलाएँ, कुछ सोचने पर मजबूर करें। उम्मीद है, आपको मेरी यह पहली कोशिश पसंद आएगी।

आपका,
ब्रिजेश जयंत देशपांडे 'वारिस"

Acknowledgements

आभार

इस पुस्तक के माध्यम से, मैं उन सभी महत्वपूर्ण व्यक्तियों के प्रति हार्दिक आभार व्यक्त करता हूँ, जिन्होंने मेरे सफर में संबल और प्रेरणा दी।

मेरी माँ, 'श्रीमती शिल्पा देशपांडे', आपका शत-शत नमन। पापा को खोने के बाद आपने अपने दर्द को भुलाकर हमें स्नेह, संस्कार और सही मार्गदर्शन दिया। आपकी हिम्मत और धैर्य ने ही मुझे वह बनाया जो मैं आज हूँ। यह पुस्तक आपके असीम प्रेम को समर्पित है।

मेरी बहन, 'मेघा', तुम्हारा धन्यवाद, जो हर मुश्किल समय में मेरी ताकत बनी रही। बचपन से लेकर जीवन के हर मोड़ तक तुम्हारा सहयोग हमेशा मेरे साथ रहा।

मेरे वे मित्र, जिन्होंने मुझे चिढ़ाया और मेरी लेखनी की सराहना की— आपकी शरारतें और ताने मेरी प्रेरणा का हिस्सा बने।

मेरी जीवन संगिनी 'मधुरा' और बेटी 'अदा', तुम दोनों मेरी धड़कन,

मेरी दुनिया और मेरे अस्तित्व का आधार हो। हर कठिनाई में तुमने मेरा साथ दिया और मुझे अडिग बनाए रखा। तुम दोनों मेरी नींव, मेरी ताकत और मेरी प्रेरणा हो।

विशेष धन्यवाद 'सुधेंदु चतुर्वेदी', जो न सिर्फ एक अद्भुत कवि हैं बल्कि सच्चे मित्र भी। 'गौरव गौठी' भाई, आपकी दृढ़ता और परिश्रम प्रेरणादायक हैं। 'सौरव रंजन', तुम्हारी कला और मंच पर उपस्थिति हमेशा मुझे प्रेरित करती है।

उन सभी मंचों और संस्थाओं का आभार, जिन्होंने मुझे अपनी रचनाएँ साझा करने का अवसर दिया — 'घुमक्कड़', 'कविता जंक्शन', 'लाहे-लाहे', 'आटा गलाटा', 'अंजुमन', और 'डी पी एस - नॉर्थ'। इन मंचों ने मेरी कविताओं को श्रोताओं तक पहुँचाया और मेरा सफर आगे बढ़ता गया।

'बुक लीफ पब्लिशिंग' की पूरी टीम का तहे-दिल से शुक्रिया, जिन्होंने इस प्रतियोगिता के माध्यम से मेरी पुस्तक प्रकाशित करने का अवसर दिया। आप सभी अद्भुत कार्य कर रहे हैं।

अंत में, मेरी 'लेखनी', जिसने मेरा हाथ कभी नहीं छोड़ा और मेरे विचारों को कागज़ पर उतारने में हरदम साथ दिया।

सादर नमन,
वारिस

1. जीता जाऊँगा

हर दफ़ा उगता सूरज
दो दबे एहसास लाता है
एक, हमें अब कम कदम
चलना होगा 'मौत' की ओर,
दूसरा, के हम अब भी ज़िन्दा है,
तिलिस्म ज़िंदगी का देखने को

जितनी भी लिखी है उम्र
मैं सारी की सारी हरदम
दूजे एहसास के संग ही बिताऊँगा
मैं ता-उम्र ज़िंदा था, ज़िंदा हूँ
और ज़िंदा ही जीता जाऊँगा।

- 'वारिस'

2. मेरा कॅनवास

पेंसिल लिए यूँ ही,
कॅनवासनुमा फ़लक पर
कुछ लकीरें खेंचता...

यूँ ही 'पेंट' में 'ब्रश' डुबोकर
बेहिसाब रंगों को,
बेशुमार 'स्ट्रोक्स' के सहारे,
उसी 'कॅनवास' पर मलता

कभी लाल, कहीं पीले,
कहीं हरे, कभी नीले,
रंगों के मैं
अलग-अलग 'शेड्स' बिखेरता

कभी बहते रंगों को समेटते हुए
कहीं जमे रंगों की पैरहन खोलते हुए
मैं अपने ही ढ़ंग में, इस
अजब तस्वीर को अंजाम देता,

अभी-अभी लाल को सुना, नीले से कहते हुए,
"वोइलेट से और उभर आता सब,
काश ये तुझे मुझसे मिला देता..."

कहीं रंगों की देर तक सुनते हुए,

कभी उन्हें अपनी से 'बोर' करते हुए,
मैं अपने ही ढ़ंग सें, इस
अजब तस्वीर को अंजाम देता,

ये रंगीन तस्वीर मैं तब पूरी करूँगा, जब
ये आसमानी 'कॅनवास' मुझे मिल जाएगा

...पेंसिल लिए, मैं उस ही फ़िराक में बैठा हूँ...!!!

- 'वारिस'

3. आशनाई की रानाई

आशनाई की रानाई यही है,
मैं भी वही और तू भी वही है,

ये ऐसा आसमानी रिश्ता है,
जो मैं नहीं, तो तू भी नहीं है,

है इल्तजा खुदा से इसकी सलामती की,
ये नहीं तो कुछ भी नहीं है...!

- 'वारिस'

4. छानता हूँ सारा दिल

छानता हूँ सारा दिल पर कोई हसरत नहीं मिलती,
चंद लम्हा-ए-सुकूँ बिताने को फुर्सत नहीं मिलती,

मुझे मेरी ही तलाश रहती है इस आलम में अब,
मगर ख़ुद को ढूँढ लाने को भी फुर्सत नहीं मिलती,

मैंने कहा दिल से 'यार ज़रा सा तो दम ले?',
उसने कहा ऐ! दोस्त मुझे धड़कने से फुर्सत नहीं मिलती,

सारे जज़्बात दिल में दबे-दबे ख़ामोश हो जाएँगे,
जज़्बातों को जुबाँ देने को भी फुर्सत नहीं मिलती,

तेरे हुस्न की कशिश निगाहों में बसाई है जबसे,
मेरे ख़ूनेजिगर को तड़पने से फुर्सत नहीं मिलती,

रोज़ मर-मर के जीता है 'वारिस' उम्रे-ए-दराज़ में,
याँ तो अब सुकूँ से मरने को फुर्सत नहीं मिलती,

- 'वारिस'

5. एक मासूम अट्ठन्नी

एक मासूम सी अट्ठन्नी जो है मेरी जेब में,
बदमाश रुपये से लग के गले खनकती है,

इसके होने के एहसास से, मेरी जेब अब दमकती,
इसकी अल्हड़ सी आहटों से, मेरी जेब कुछ मचलती है,
ये मासूम क्या जाने दर्द खर्च होने का,
कितना है साथ इसका, कब ये हाथों से फिसलती है,

हरपल इसकी मासूमियत ने मुझे जीना सिखाया है,
अपनी राह को मुक्कम्मल कर, आगे बढ़ना सिखाया है,
अब ये मेरी जेब में हो, या सेठ की तिजोरी में,
इसने मेरी ज़िन्दगी को हर दोराहे से आगे बढाया है,

मगर ये मासूम सी अट्ठन्नी, जो है अब मेरी जेब में,
फिर बदमाश से रुपये के लग के गले खनकती है!

- 'वारिस'

6. एक नज़्म

एक नज़्म ने ज़िन्दगी छीन ली मुझसे,
एक आई और फूँक के चल दी फिर,
अल्फाजों की इस पेंचकशी के दरमियाँ,
एक मुख़्तसर सी ही ज़िन्दगी जी है मैंने |

- 'वारिस'

7. पल

एक पल राह में,
हाथ दिखाता चला गया,

कुछ पलों बाद, एक पल,
हाथ थामे साथ हो लिया,

राह गुज़रती रही,
मोड़ पिछड़ते रहे,
कितने ही पल, लम्हा-लम्हा करके,
बिछड़ते रहे,

सफ़र यूँ ही गुज़रा,
और हम सोचते रहे,

पलों की बात थी,
बस यूँ ही पलों में बीत गयी...!

- 'वारिस'

8. मैंने जो भी कमाया

मैंने जो भी कमाया, था ग़वाने के लिए,
एक दिल ही बचाया था ज़माने के लिए!

दुनिया समा जाए सारी यही चाहत है,
राह पर निकल पड़ा हूँ ज़माने के लिए!

प्यार किया था तुझसे निभाने के लिए,
तू कर बैठी बेवफ़ाई ज़माने के लिए!

अपने, हमसफ़र, कुछ हमराह बन चले,
रह गए जो, याद बन गए ज़माने के लिए!

फ़िक्र को धुँआँ किया इस राहे-उम्र में,
ज़िक्र को छोड़ दिया है ज़माने के लिए,

अरमान बेचे, आर्जूएँ, याँ तक ख़्वाब भी,
क्या-क्या मशक्कत करते हैं कमाने के लिए,

मेरी मिल्कियत, मेरे पर, मेरी परवाज़ हैं,
फ़िक्रे-आसमाँ छोड़ दि ज़माने के लिए,

रफ़्तारे-वक़्त संग पल-पल चलते-चलते,
मैंने कई मुक़ाम छोड़ दिए ज़माने के लिए,

- 'वारिस'

९. चाहतें सजाएँ

आओ अपनी चाहतें सजाएँ,
इनमें, तारों की सी रौशनी डाल दें,
इनकी परवाज़ को बेबाक़ छोड़ दें,
इनकी मंज़िलों को रहने दें अनजान,

इन्हें आपस में बोलने दें, जैसे,
एक अर्से बाद दो सहेलियाँ मिली हों,

हर लम्हे को महसूस हो इनकी आमद,
इनके पेहलू से क़ेवल ख़ुशियाँ हों बरामद,

आओ यूँ ही अपनी चाहतों को सजाएँ,
इन्हें अपना बनाएँ,
उड़ना सिखाएँ,
मंज़िलें दिखाएँ,
अलग-अलग आसमानों में लें जाएँ,

आओ हम-तुम मिलके फिर,
जहाँ में अपनी चाहतें सजाएँ!

- 'वारिस'

10. थोड़ा मैं, थोड़ा हम

थोड़ी ख़ुशी,
थोड़ा ग़म हूँ,
थोड़ा ज़्यादा,
थोड़ा कम हूँ,

थोड़ा वक़्त,
थोड़ा आलम हूँ,
थोड़ा भीगा,
थोड़ा नम हूँ,

थोड़ी कमसिन,
थोड़ी बेशरम हूँ,
कभी हवा हूँ,
कभी मौसम हूँ,

थोड़ा असली,
थोड़ा भ्रम हूँ,
थोड़ा मैं हूँ,
थोड़ा हम हूँ!!!

- 'वारिस'

11. चाँद के पार की दुनियाँ

आओ तुम्हें चाँद के पार की,
दुनियाँ के बारे में बताऊँ,
वो जगह जहाँ मैं अपना जहाँ ढूँढता हूँ,
हो सके तो,
यहाँ एक बार ज़रूर आना,
राह कुछ अजनबी सी लगे,
मगर 'लैंडमार्क्स' बहुत है,
याद रहेगी लौटते वक़्त,

राह के हर मोड़ पर, मील के पत्थर सी,
तुम्हारी अलग-अलग तसवीरें मिलेंगी,
और वो मोड़ जिस पर तुम्हारा नाम लिखा हो,
बस वही जगह है, जिसका मैंने ज़िक्र किया था,

तुम बस वो जगह देख लेना, मिट्टी को एक दफा हाथों में संजो लेना,

मैं यहाँ से काफी दूर आ चुका हूँ, अपनी खोज खातिर,
मालूम नहीं,
पर कुछ 'लाइट इयर्स' बीत गए होंगे, ज़रूर,

उस मिट्टी में तुम अपना नाम लिख देना,
जैसे 'बीच' पे लिखा करती थीं,
शायद लौटते वक़्त,
मेरी तलाश खत्म हो जाए..!!!

- ‘वारिस’

12. शून्य

तुम कहाँ थे?
जब मुझे करोड़ों की चाहत थी
और मैं एक अकेला तुम्हें खोजते हुए
ना जाने कितनी खलाओ से गुज़रा था
कहाँ-कहाँ न ढूंढा तुम्हें
कहाँ-कहाँ न तुम्हें पाने को कोशिश की

पर, आज जब कोई चाह बची नहीं
तब मेरे इर्दगिर्द बेशुमार फैले हो तुम
न जाने कितनी तादाद में, और
कितनी दिशाओं में फैले हो तुम,

तुम बिन मैं एक था, एक हूँ,
मिल जाओ तो करोड़ हो जाऊँ
मगर तुम जो थे, शून्य,
शून्य हो,
शून्य बस शून्य

कायनात के दो अनंत मूल,
एक मैं, और
एक तुम, शून्य।

- 'वारिस'

13. आज़ाद वक़्त

वक़्त हूँ मैं, मुझे आज़ाद रहना पसंद है
भले ही मैं, टिक-टिक में बंधा नज़र आऊँ
मगर मैं आज़ाद हूँ, अपनी ही चाल में चलता हूँ
मैं इतना आज़ाद हूँ, कि
अपने ही ढ़ंग से चाल चलता हूँ
मुझे, न रोशनी रोक सकी
न अंधेरा रोक सका
न शोर से चाल बदली
न सन्नाटा रोक सका

वैसे मैं, आज़ाद ही रहा हूँ हरदम
बस के मेरे दोनों हाथ जगह और वजह के
सिरों से बंधे रहे हैं हरदम
जिसने जिस सिरे से देखा मुझे
बस उसी चाल का मैं राही हूँ

दो बेड़ीयों में जकड़ा मैं
एक आज़ाद वक़्त हूँ

- 'वारिस'

14. मुकद्दमा

"तमाम गवाहों के बयानात को
मद्देनजर रखते हुए ये अदालत
इस नतीजे तक पहुँची है कि..."

तमाम गवाह? (ये कौन हैं?)

ये मेरे करीबी दोस्तों से लेकर
मेरे भाई-बहन, बेटा-बेटी, रिश्तेदार
मेरी बीवी से होकर मेरे माता-पिता तक के,
ये वो सारे लोग हैं

पिछले दिनों या अरसों में
इनसे इशारों में ही, मेरी ज़िंदादिली के बारे में
सवालात किये गए थे
और बस आज उसी मुकद्दमें में ...

"तमाम गवाहों के बयानात को
मद्देनजर रखते हुए ये अदालत
इस नतीजे तक पहुँची है कि,
मुअक्किल 'वारिस' को
ज़िन्दगी को एक और बार जीने का मौका देती है
और
मौत को अपनी गिरफ्त से
'वारिस' की ज़िन्दगी को रिहा करने की सज़ा सुनाती है"

"द कोर्ट इस डिसमिस्ड!"

- 'वारिस'

15. मैं और तू

सब को बचाने वाला एक है
मुझको मैं और तुझको तू
सब को दिखने वाला एक है
तुझको मैं और मुझको तू
सब को नचाने वाला एक है
मुझको मैं और तुझको तू
सब में बसने वाला एक है
तुझमें मैं और मुझमें तू

- 'वारिस'

16. मतलब

कलम उदास रहती है, आजकल,
कह रही थी,
"अब मतलब के सिवा, कोई लिखता ही नहीं..!"

मैंने कहा,
"वो बेमतलब का लिखेंगे तो चलेगा!?"

हँसते-हँसते, कहने लगी,
"मैं चाहती हूँ, के लोग बस,
मतलब के लिए लिखना छोड़,
मतलब का लिखने लगें...
ये घर, गाँव, शहर, देश, ये जहां,
सारा, खुद-ब-खुद संवर जाएगा।"

"काश के, मतलब का मतलब, लोग समझ पाते।"

- 'वारिस'

17. झपकीयों संग

किताबी पलकें हैं
झपकी-झपकी
सफहे पलटतें हैं
कुछ झपकीयों में
बचपन बीता
चंद गुज़री जवानी की
चंद झपकीयों बाद
बुढ़ापा चला आएगा

जाने कितने सफहों की
होती है एक ज़िंदगी?
कभी पलक झपकते
साल बीत जाते हैं
और कहीं कई रातों तक
पलक झपकती नहीं

पर जो झपकीयाँ
गुज़ारी तेरे संग
उम्र तक उनका
साथ रह जाएगा

बस उन झपकीयों
संग कभी ये ज़िंदगी
सफहे पलटती रहेगी और

यूँ ही झपकी-झपकी में
ये ज़िंदगी बीत जाएगी।

- 'वारिस'

18. बिगड़े-दिल-शहज़ादे

हर लफ़्ज़ के दो जीवन हैं
एक, किसी कागज़ी सतह
से हो कर आँखों के रास्ते
दिलो-दिमाग में उतर जाना
दूसरा, आवाज़ की राह से
हो कर कानों के रास्ते
दिलो-दिमाग में उतर जाना

पर कुछ ही लफ़्ज़ों को ये
राजसी ठाठ नसीब होते हैं
जो काल की परतों को
लाँघ कर, सिर्फ़ दिलो-दिमाग़ ही नहीं,
पर हर नस्ल की ज़हनो-रूह में बस जाते हैं,
सबके दिलों में ये घर कर जाते हैं

काश मेरे भी लफ़्ज़ों को, ऐसी ही
'बिगड़े-दिल-शहज़ादों' सी ज़िन्दगी मिले।

- 'वारिस'

19. बचपन, बादल, तन्हाई

बचपन में,
बादलों को तराशने की,
अजीब रवायत थी,
रेत के टीले पर बैठे,
नीले आसमाँ पर, टंगे,
इन गुच्छों से खेलने की,
अजीब रवायत थी,

इन्हीं रूई से गुंचों मे, हमने,
कभी 'बर्मा' देखा, कभी 'जापान',
कहीं सारा 'अमरीका',
कभी 'हिन्दुस्तान'

कभी ये बुढ़िया की शक्ल थे,
कहीं घुमा देते अकल थे,
हाथी, घोड़े, चील, कबूतर,
क्या कुछ बस्ता इनके अंदर,

नक़्शों के संग बीता बचपन
गुंचों में था जीता बचपन,
बादलों संग था उड़ता बचपन
टीलों पर था मिलता बचपन

काश! बचपन की परवाज़ का ज़रा भी इल्म होता??

अब कई दिन बीत जाते हैं
आसमान को देखे हुए,
कभी जो सर उठ जाए तो
रातों के सियाह आसमानों में,
तन्हाई के बादलों और
अरमानों के टिमटिमाते तारों,
के सिवा मिलता ही क्या है??

- वारिस

20. ख़याल

कमबख्त
ये कोई वक़्त है आने का?
रात के तीसरे पहर
मुँह उठाए, चले आए?

दिल के सोये ख़ानों में
दिमाग के अधजगे इलाकों में
मुँह उठाए और चले आए?

अरे मेरे कमबख्त ख्यालों!
ये भी कोई वक़्त है आने का?

खैर! अब आ ही गए हो,
तो चलो हम ज़िन्दगी चुन लेतें हैं,
आओ एक नज़्म बुन लेतें हैं।

- 'वारिस'

21. गार्ड ऑफ़ ऑनर

वो बीता वक़्त आज भी,
वहीं खड़ा है, जहाँ मैं छोड़ आया था उसे,
वो आता वक़्त भी,
वहीं खड़ा होगा, मेरे इंतज़ार में,
मेरे छूकर, छोड़ जाने के इंतज़ार में,

लोग कहते हैं, वक़्त गुज़र जाता है,
पर सच मानों तो,
हर लम्हा, अपने हाथ आये गुज़रते,
'बैटन' को, अगले के हाथ देकर,
वहीं जमा खड़ा रहता है,

वक़्त लम्हों पलों की लम्बी क़तार है,
वक़्त नहीं गुज़रता,
इस क़तार के साथ पल-ब-पल चलते,
हम, ज़िन्दगी का 'गार्ड ऑफ़ ऑनर' लिए,
चलते जाते हैं, गुज़रते जाते हैं!

- 'वारिस'